Leopoldo Ceballos

Un Cuento y tres Poesías

a mi madre, Betty

Bibliografische Information der Deutschen
Nationalbibliothek: Die Deutsche Nationalbibliothek
verzeichnet diese Publikation in der Deutschen
Nationalbibliografie; detaillierte bibliografische Daten sind im
Internet über dnb.dnb.de abrufbar.
© 2015 Leopoldo Ceballos
Herstellung und Verlag:
BoD – Books on Demand, Norderstedt
ISBN: 9783739226385

Foto de la portada: El autor en la aerosilla de la ciudad de
Carlos Paz, Córdoba, Argentina, 1974.
Diagramación e ilustraciones: Jaime Alarcón.
Traducido al alemán por Jaime Alarcón.

Umschlagfoto: Der Autor auf der Seilbahn der Stadt Carlos
Paz, Cordoba, Argentinien, 1974.
Gestaltung und Zeichnungen: Jaime Alarcón
Aus dem Spanischen von Jaime Alarcón übersetzt.

Leopoldo Ceballos

Un Cuento y tres Poesías

Leopoldo Ceballos nació en Córdoba, Argentina en 1966. Es Técnico Agrónomo egresado de la Escuela Agrotécnica de Bell Ville y trabaja como Parrillero y Cocinero en las ciudades de Düsseldorf y Colonia.

Leopoldo Ceballos wurde 1966 in Córdoba, Argentinien, geboren. An der Schule für Agrartechnik in Bell Ville hat er eine Ausbildung als Agrartechniker absolviert. Er arbeitet als Koch in Düsseldorf und in Köln als Griller.

Indice / Inhaltsverzeichnis

Un hombre, un perro, una trufa blanca....................9

Der Mann, der Hund und der weiße Trüffel..........23

POESÍA / GEDICHTE..39

  Y si somos amigos?..41

  Und wenn wir Freunde werden?..........................43

  Tú vas en una barca pequeña,...............................45

  Du fährst in einem kleinen Boot,........................47

  Y es el sol, la luna, las estrellas,............................49

  Die Sonne, der Mond, die Sterne,.......................51

Un hombre, un perro, una trufa blanca

En un Agriturismo[1] de la Umbria, Italia, vivía un perrito de nombre Pipo con su mamá Nini, ambos de raza Basset. Llevaban una vida muy tranquilos, y juguetones, solían correr por el campo. Nini fue a

---

1El *agriturismo* es una forma de turismo en la cual el turista es hospedado en un ambiente agrícola

una escuela para aprender a buscar trufas y Pipo, a pesar de ser cachorro, aprendía de su mamá.

El Agriturismo era muy lindo, venían personas de todas partes, los domingos se hacían excursiones en busca del oro blanco de los hongos, la trufa. La verdad es que Nini nunca encontró una trufa, pero su amo, don Pedro, la quería mucho y la cuidaba porque la abuela de Nini, que se llamaba Sisi, había encontrado hace muchos años, unas cuantas trufas blancas, muy grandes y de muy buena calidad. Al venderlas, el padre de Pedro, compró las tierras para el Agriturismo. El padre, un día le dijo a Pedro: "Quiero que me cuides a Sisi siempre, gracias a ella tenemos estas tierras." Pedro, no sólo cuidó a Sisi, sino también a sus crías y a las crías de éstos, de donde nació Nini.

Un día que fueron a buscar trufas por los montes de la Umbria, (ese día estaba nublado y habían venido muchas personas), estaban Sisi, Pipo y otros perros; ninguno de los perros encontraba trufas y algunas de las personas se enojaron y se quejaban: "En Umbria no hay trufas blancas, pagamos por una excursión en donde estos perros nunca encuentran nada". Uno de los excursionistas le gritó a Sisi: "Perra, tú no sirves ni para encontrar champignones!". Sisi se asustó y salió corriendo y Pipo la siguió, empezaba a llover con fuerza, con truenos y relámpagos. Pipo perdió de vista a su madre, un relámpago seguía a otro, Pipo corría, corría, ya no estaba más con el grupo. Se puso debajo de un árbol para protegerse de la lluvia, pasaron las horas, Pipo se puso a caminar y estaba perdido.

Llegó la noche, caminaba sin rumbo, asustado, entre los sonidos de la oscuridad. Con cansancio, con hambre y con frío, se quedó dormido, se despertó por unos ladridos y salió corriendo pensando que llegaba a su casa. Mientras se acercaba al lugar, los ladridos eran más fuertes y diferentes a los que él estaba acostumbrado, escuchaba a hombres que gritaban y a perros que peleaban rabiosos de furia, caminaba y vió muchas jaula grises y feas. Entonces gritó: "Hola, hay alguien ahí?".

Estaba en medio de las jaulas y empezaron a salir perros muy fuertes, algunos con cicatrices, los gruñidos y ladridos le dieron pánico, salió corriendo y se topó con unos hombres. Uno de ellos metió en una camioneta a un perro muy herido, que sangraba, lo metió de la misma manera que se mete una bolsa de papas. Y dijo: "En un tiempo era fuerte y yo ganaba dinero, hoy estás viejo, pierdes, tengo que ver en dónde tirarte". Pateó la puerta de su camioneta. Otro de los hombres salió con otro perro herido, pero no tanto, y dijo: "Viva mi Asesino! Ganamos, ganamos". Lo metió con cuidado en otra camioneta y volvió a decir algo: "Ganaremos mucho dinero, Asesino!".

Asombrado de todo esto, Pipo quiso huir y un hombre de bigotes con mirada muy mala, lo levantó del suelo y burlándose dijo: "Qué clase de orejudo tenemos aquí? A ver si vuelas!"

Todos se reían y continuaban con las burlas. "Ponlo a pelearlo con una rata, ja ja ja!" dijo uno. "No, que pelee con una gallina! Ja ja ja", dijo otro.

Cuando estuvo a punto de pegarle una patada y tirarlo para el monte, otro hombre dijo: "No, espera, a lo mejor nos sirve para enfurecer a los nuevos cachorros!"

Pipo estaba con un miedo increíble y de repente el hombre que le estaba por pegar la patada, lo tiró brutalmente en una de las jaulas. El pobre Pipo fue a parar en donde se hacen peleas clandestinas y también donde era criadero de perros de pelea. El golpe que se pegó en el piso le dolía y con miedo, se fue al fondo de la jaula, en donde había un techo y no lo veían los otros perros. Era un pequeño cuarto en su jaula. "Estarás al lado del que un día fue la gran Bestia Blanca, que no te coma", dijo el hombre de mirada mala, que tenía un gran bigote. En la celda Pipo tenía agua y comida, pero cada vez que intentaba salir de su cuarto, los demás perros se burlaban de él. Lo amenazaban y le decían cosas: "Te romperé las orejas de un solo mordisco!". Otro le decía: "De qué raza eres, salchichón!".

Pipo con tanto miedo, por más sed y hambre que tenía, no salía de su cuarto. Por la noche, cuando todos dormían, salió muy despacio y pudo comer y tomar algo de agua. Cuando salió de su cuarto, sintió que de la jaula en donde estaba al que le llamaban la gran Bestia Blanca, alguien lo miraba. Pipo regresó a su cuarto y pensaba en su mamá Sisi, su amo Pedro y en todas las cosas lindas del Agriturismo.

Al otro día, muy temprano, lo fueron a buscar unos hombres: "A trabajar, orejudo! No comerás gratis". Lo pusieron en otra jaula, que estaba dividida en dos y en una parte había cachorros. Tenemos que decir que Pipo tenía sólo un año y los otros cachorros un par de meses.

Todos los perros en ese criadero eran de raza de pelea, menos Pipo, lo que él tenía que hacer era soportar a cada cachorro que lo enfrentara.

Èstos, enfurecidos, se entrenaban mordiéndolo al pobre Pipo, uno por uno. Al terminar el día, lo llevaban a su jaula, lastimado y cansado. De todas las otras jaulas salían los demás perros, ladrándolo e insultándolo, pero no de la jaula en donde estaba la supuesta gran Bestia Blanca. Pasaban los días y Pipo regresaba a su jaula, cada vez más flaco, lastimado, triste, sin ganas de nada. Con la poca fuerza que le quedaba, por las noches, cuando todos dormían, salía a comer algo. Siempre sentía que la Bestia Blanca lo miraba. Una vez, después que lo dejaron en su jaula, sin fuerzas ni para caminar y poder esconderse de todos esos grandulones que lo provocaban más que nunca, le gruñían y con bronca le decían que se lo comerían vivo. Entonces, el pobre, sin fuerzas, con miedo no se podía ni mover, de repente, de la jaula de al lado, se sintió un gruñido brutal y todo empezó a vibrar.

Entonces todos los demás perros se callaron y por primera vez se vio a la gran Bestia Blanca, era un enorme dogo argentino, con las orejas cortadas, cicatrices por todas partes y con los ojos rojos.

Luego de gruñir por un buen rato, ponerse en posición de pelea, con mirada fuerte y segura, miró hacia las otras jaulas. Les dijo a los demás grandulones: "Quiero que lo dejen tranquilo!" Y ninguno de los otros perros dijo nada. Cada uno se metió en su cuarto, los únicos que se quedaron fuera eran la Bestia Blanca y Pipo.

La bestia no dijo más nada, Pipo se sintió más tranquilo, lo miró para agradecerle, pero éste se metió en su cuarto. Por la noche, se dio cuenta que la Bestia estaba comiendo, y salió para hablar con él: "Señor Bestia, señor Bestia!" La Bestia lo miró y le dijo: "Qué quieres?" Pipo le contestó: "Gracias, gracias". El otro lo miró un momento y le dijo: "No es nada, sabes, yo antes de venir aquí yo no era una bestia, mi nombre era Blanquito, vivía en las pampas argentinas, mis padres eran grandes campeones y no de pelea, eran modelos, sabían caminar, pararse, hacían poses para que les tomaran fotos. Eran una pareja de dogos argentinos, que ganaban todos los campeonatos. Por esas cosas de la vida, cuando mi madre dio a luz, ella y mis hermanitos murieron. Mi amo, muy preocupado por mi salud, buscó una perra que tuviera crías de mi edad. Unos vecinos tenían una perra de tu raza, Lali, con unos cachorritos de mi edad. Ella me adoptó, fue mi nueva mamá, era muy buena. La recuerdo con mucho cariño a ella y a mis hermanitos postizos, yo creciendo con ellos y jugando por las pampas.

Un día, pasó algo muy raro, una camioneta muy oscura, con vidrios oscuros, nos vio jugando en el campo y me cargaron. Dijeron que el amo me había regalado y aparecí en manos del bigotudo, el que me trajo en un avión hasta aquí, me dio un nuevo nombre, la Bestia Blanca. Me enseñó a pelear y me prometió que si ganaba todas las peleas, me llevaría de nuevo a la Argentina. El bigotudo era un hombre, de baja estatura, de bigotes grandes, le gustaba todo a lo grande, autos grandes, relojes grandes, anteojos grandes, etc. Era malo y mentiroso. Gané todas las peleas con toda clase de perro que me ponían, pero un día..." Ahí la Bestia se calló y no quiso seguir hablando". Pipo le dijo: "Desde hoy te llamaré Blanco".

Todas las tardes, cuando Pipo regresaba a su jaula, ya nadie se metía con él. Blanco lo esperaba, le daba seguridad y durante el día Pipo soportaba mejor las torturas de los futuros peleadores.

Por comentarios de otros perros, Pipo escuchó que la Bestia peleaba tan bien que derrumbaba a todos los demás. El bigotudo ganó mucho dinero gracias a él. También escuchó que en su última pelea, le habían ofrecido mucho dinero para pelear con dos Rottweiler. Èstos eran dos hermanos de nombre Infierno Uno e Infierno Dos. Habían ganado siempre, pero cuando pelearon uno por uno con la Bestia, perdieron. El amo de los Infiernos quería ganar a toda costa, al enfrentarlos a los dos juntos. La pelea se iba a hacer en el criadero de los Infiernos. El Bigotudo, que le gustaba tanto el dinero, persona egoísta y de mirada falsa, le dijo a la Bestia: "Si le ganas a estos dos, esta vez sí que regresás a la pampa. El día de la pelea fue mucha gente, se hacían muchas apuestas y había mucho dinero en juego. Era la primera vez que uno se enfrentaba a dos. Por una parte estaba la Bestia, que empezó a gruñir y a mostrar sus enormes dientes, los ojos se le pusieron más rojos que nunca. Al frente estaban los dos Infiernos, era su revancha y se sentían seguros al ser dos.

Cuando empezó la pelea, la Bestia saltó sobre uno de ellos y mordió al otro. Entre los dos lo querían atacar, pero la Bestia era más rápida y su mordida era brutal. Cuando estaba dominando la pelea (el piso del ring era de madera), y sin que nadie se diera cuenta, alguien abrió un poco las maderas y le puso una inyección a la Bestia, que estaba ganando. Poco a poco se empezó a dormir y los dos Infiernos ganaron la pelea.

La Bestia quedó muy herida y el Bigotudo no lo miraba más, solamente lo tenía porque buscaba venderlo. Había sido una trampa del amo de los Infiernos y Bigotudo nunca lo supo. Cuando Pipo escuchó toda esta historia, pensó en fugarse junto con su amigo y encontrar a su madre y a su amo Pedro. Esa misma noche, le propuso a Blanco escaparse juntos. "A dónde dijo éste?" "Te vienes con mi familia, vivo en una granja muy linda, mi madre vive allí, mi amo es muy bueno y también viven otros perros".

Le explicó que con su madre eran los encargados de buscar trufas, que su bisabuela Sisi había encontrado una vez varias muy grandes y que por ello era muy respetada. Pero ni él ni su mamá, ni ningún otro perro habían sido capaces de encontrar trufas.

Los dos perros empezaron a planear cómo fugarse. Una noche de lluvia y de truenos, uno de los trabajadores del Bigotudo llegó muy borracho. Cuando fue a darles de comer, no cerró bien las puertas de las jaulas. La de Pipo estaba abierta, la de Blanco sólo debían empujar un poco la traba. "Empuja la traba Blanco y nos vamos!" Blanco empujó con el hocico y la puerta se abrió. Llovía muy fuerte, con truenos y relámpagos, empezaron a correr y nadie se dio cuenta. Corrieron y corrieron y ya estaban en el bosque. Se quedaron dormidos debajo de un árbol. Al otro día muy temprano, mientras caminaban escucharon algunas voces. Se acercaron muy despacio y Pipo reconoció la voz de don Pedro. Recordó que era domingo y que era el día en que salían a buscar trufas.

La vio a su madre, ese día había muy pocas personas. Don Pedro gritó de alegría: "Pero si es Pipo!" Cuando Nini quiso ir al encuentro de Pipo salieron unos jabalíes, que estaban por atacarla a ella y a una de las personas. Fue allí cuando saltó Blanco en contra de ellos, con un gruñido muy fuerte y mostrándoles los colmillos. A los jabalíes no les quedó otra que salir corriendo.

El olfato de Pipo y Nini los hizo escarbar en donde estaban los jabalíes y empezaron a desenterrar trufas. Ese día llenaron de trufas blancas las cestas.

Desde ese día la granja fue muy visitada y los grandes héroes fueron Pipo, Nini y Blanco. Èste vivió muy contento con don Pedro y dejó de ser un peleador para ser un buscador del oro de los hongos, la trufa.

FIN

Der Mann, der Hund und der weiße Trüffel

Auf einem Bauernhof in Umbrien, Italien, lebte ein Hund namens Pipo mit seiner Mutter Nini. Sie waren Bassets. Sie führten ein friedliches Leben, spielten viel und rannten zusammen über die Felder. Nini besuchte eine Schule, in der sie im Trüffelsuchen unterrichtet wurde, und Pipo, obwohl er noch klein war, lernte von seiner Mutter. Der Bauernhof war sehr schön und es kamen Besucher von überall dorthin. Sonntags gab es Ausflüge, bei denen die Leute Trüffel, den weißen König unter den Pilzen, suchen konnten. Obwohl Nini noch nie einen Trüffel gefunden hatte, liebte ihr Herrchen, Don Pedro, sie sehr. Er kümmerte sich gut um sie, weil Ninis Großmutter, Sisi, vor vielen Jahren einige große, weiße Trüffel bester Qualität gefunden hatte. Mit dem Erlös hatte Pedros Vater das Land für seinen Bauernhof gekauft. Der Vater hatte zu Pedro gesagt: "Ich will, dass du immer gut für Sisi sorgst, denn ihr haben wir unser Land zu verdanken." Und Pedro sorgte nicht nur für Sisi, sondern auch für ihre Welpen und deren Nachwuchs, dem Nini entstammte.

Eines Tages gingen Sisi, Pipo und andere Hunde hinaus, um in den Bergen Umbriens Trüffel zu suchen. Es war ein nebliger Tag und viele Besucher waren gekommen. Die Hunde konnten keine Trüffel finden und einige Menschen beschwerten sich: "In Umbrien gibt es gar keine weißen Trüffel, wir haben für einen Ausflug bezahlt, bei dem diese Hunde niemals etwas finden werden!" Einer der Ausflügler brüllte Sisi an: "Hund! Du taugst nicht einmal zum Champignonsuchen!" Sisi erschrak und rannte davon. Pipo rannte ihr nach. Plötzlich begann es zu regnen, es blitzte und donnerte. Pipo verlor seine Mutter aus den Augen, ein Blitz folgte dem anderen, Pipo rannte und rannte und verlor seine Gruppe. Er stellte sich unter einem Baum, um sich von dem Regen zu schützen. Die Stunden vergingen, Pipo lief weiter und merkte, daß er sich verirrt hatte. Die Nacht brach herein, er irrte umher, verängstigt durch die Geräusche der Nacht. Müde, hungrig und durstig schlief er schließlich ein.

Hundegebell weckte ihn. Er rannte los und dachte, dass er sich seinem Zuhause näherte. Doch je näher er kam, desto lauter wurde das Bellen, und es hörte sich gar nicht vertraut an. Männer brüllten und Hunde rauften wütend miteinander. Als Pipo näherkam, sah er viele graue, hässliche Käfige. Er rief: "Hallo? Ist da jemand?" Er stand inmitten der Käfige und auf einmal sprangen kräftige Hunde heraus, einige mit Narben. Ihr Knurren und Bellen versetzten ihn in Panik, er rannte los, stieß aber gleich mit einigen Männer zusammen.

Einer von ihnen warf einen Hund, der stark blutete, wie einen Sack Kartoffeln auf einen Lieferwagen. Er sagte: "Früher war er stark und brachte mir viel Geld ein. Heute ist er alt und verliert nur noch, ich muss sehen, wo ich ihn los werde." Er klopfte an die Tür des Lieferwagens.

Ein anderer Mann kam heraus mit einem weiteren verletzten Hund und sagte: "Es lebe mein Mörderhund! Wir gewinnen, wir gewinnen!" Er legte ihn vorsichtig in einen anderen Wagen und sagte: "Wir werden viel Geld gewinnen, Mörderhund!" Erschrocken von alledem versuchte Pipo zu flüchten, doch ein finster dreinblickender Mann mit Schnurrbart hob ihn vom Boden auf und lachte: "Was für ein Schlappohr haben wir denn hier? Mal sehen, ob du fliegen kannst!" Alle lachten und machten Witze: "Lass ihn doch mal mit einer Ratte kämpfen, hahaha!" sagte einer. "Nein, er soll mit einem Huhn kämpfen!" sagte ein Anderer.

Gerade als der Bärtige ihm einen Fußtritt geben und ihn auf das Feld werfen wollte, sagte ein weiterer Mann: "Nein, warte, vielleicht kann er uns dabei helfen, die neuen Welpen scharfzumachen!"

Pipo hatte schreckliche Angst. Plötzlich zog ihn der Mann, der ihn hatte treten wollen, brutal in einen der Käfige. Der arme Pipo landete dort, wo die heimlichen Hundekämpfe stattfanden und wo Kampfhunde gezüchtet wurden. Von dem Sturz auf dem Boden tat ihm der ganze Körper weh, er lief in den hinteren Teil des Käfigs, wo es ein Dach gab und wo die anderen Hunde ihn nicht sehen konnten. Es war wie ein kleines Zimmer in seinem Käfig. "Du wirst an der Seite von dem sein, der früher die große weiße Bestie genannt wurde. Hoffentlich frisst sie dich nicht," sagte der finstere Mann mit dem dicken Schnurrbart. In seinem Gefängnis hatte Pipo Wasser und Futter, aber jedesmal wenn er versuchte, aus seinem Zimmerchen zu fliehen, machten sich die anderen Hunde über ihn lustig. Sie bedrohten ihn und sagten böse Dinge: "Wir werden dir die Ohren abbeißen!" "Von welcher Rasse bist du denn, Würstchen?"

So hungrig und durstig er auch war, Pipo hatte so große Angst, dass er sich nicht heraustraute. In der Nacht, als alle schliefen, schlich er sich leise heraus, um zu fressen und zu trinken. Dabei bemerkte er, dass ihn aus dem Käfig, in dem "die große weiße Bestie" sitzen sollte, jemand ansah. Pipo ging zurück in sein Räumchen und dachte an seine Mama Sisi, sein Herrchen Pedro und den schönen Bauernhof.

Früh am nächsten Morgen kamen einige Männer zu ihm: "An die Arbeit, Schlappohr! Du bekommst hier kein Gratis-Essen!" Sie steckten ihn in einen anderen Käfig, der zweigeteilt war und in dessen anderen Teil kleine Welpen hockten. Alle waren Kampfhunde, außer Pipo. Dessen Aufgabe war es, die Welpen zu trainieren. Diese, aufgestachelt, übten sich darin, einer nach dem anderen, den armen Pipo zu beißen.

Am Abend schleppte man ihn in seinen Käfig zurück, müde und verletzt. Aus allen anderen Käfigen sprangen die Hunde, um ihn anzukläffen und niederzumachen, nur nicht aus dem Käfig der großen weißen "Bestie".

Die Tage vergingen und jeden Abend kehrte Pipo in seinen Käfig zurück, immer dünner, verletzter, traurig und lustlos. Mit letzter Kraft schlich er sich nachts, wenn alles schlief, hinaus, um zu fressen. Immer hatte er das Gefühl, dass die weiße Bestie ihn anstarrte. Eines Tages, nachdem man ihn aus dem Käfig gelassen hatte, ohne Kräfte zu laufen oder sich von dem Knurren, dass ihn provozierte wie nie zuvor, zu verstecken, fauchten sie ihn an und scherzten damit, ihn lebendig zu verschlingen. Der schwache Pipo, vor Angst wie gelähmt, vernahm plötzlich aus dem Käfig neben ihm ein so enormes Knurren, dass alles ringsherum vibrierte.

Mit einem Mal verstummten alle anderen Hunde, und zum ersten Mal sah man die große weiße Bestie. Es war eine riesige argentinische Dogge, mit gekürzten Ohren, Narben am ganzen Körper und roten Augen. Nachdem sie eine Weile geknurrt hatte, stellte sie sich in Kampfposition und schaute mit festem und sicheren Blick auf die übrigen Käfige. Sie sagte zu den anderen: "Lasst ihn in Ruhe!"

Mit einem Mal waren die Hunde mucksmäuschenstill. Jeder ging in seinen Käfig zurück, außer Pipo und die weiße Bestie. Sie gab nichts mehr von sich, Pipo wurde ruhiger und schaute sie dankbar an, doch diese ging zurück in ihren Käfig. In der Nacht hörte er die Bestie fressen und kam heraus, um mit ihr zu sprechen: "Liebe Bestie, Liebe Bestie!" Die Bestie schaute ihn an und sagte zu ihm: "Was willst du?" Pipo antwortete: "Danke, danke!" Sie sah ihn an und sagte: "Nichts zu danken. Bevor ich hierher kam, war ich keine Bestie. Mein Name war "kleiner Weißer" und ich lebte in der argentinischen Pampa. Meine Eltern waren Champions, aber nicht bei Kämpfen, sondern bei Schönheitswettbewerben. Sie waren sehr schön und wurden viel fotografiert. Sie waren argentinische Doggen und gewannen alle Wettbewerbe. Aber wie das Schicksal so spielt, starben meine Mutter und Geschwister bei meiner Geburt. Mein Herrchen machte sich große Sorgen um meine Gesundheit und suchte nach einer Hündin, die Welpen in meinem Alter hatte. Ein Nachbar hatte eine Hundedame deiner Rasse, Lali, mit Welpen meines Alters. Sie adoptierte mich und wurde meine neue Mama. Sie war sehr lieb zu mir.Ich erinnere mich gern an sie und meine neuen Brüder, mit denen ich aufwuchs und durch die Pampa tollte.

Doch eines Tages geschah etwas schreckliches: Ein schwarzer Kleinlaster mit dunklen Scheiben tauchte auf und ich wurde entführt. Sie sagten, mein Herrchen habe mich verschenkt und dann landete ich in den Händen des Bärtigen. Er brachte mich mit dem Flugzeug hierher und gab mir einen neuen Namen: Die "Weiße Bestie". Er brachte mir bei, wie man kämpft und versprach mir, mich in meine Heimat zurükzubringen, wenn ich alle Kämpfe gewänne. Er war ein Mann von kleiner Statur, mit einem großen Schnauzbart, und mochte alles Protzige: Große Autos, teure Uhren und schicke

Brillen. Er war böse und verlogen. Ich gewann alle Kämpfe, egal gegen welchen Hund, doch eines Tages..." Die Bestie verstummte. Pipo sagte zu ihr: "Von nun an werde ich dich "Blanco", den "Weißen", nennen."

Wenn Pipo nun abends in seinen Käfig zurückkehrte, belästigte ihn niemand mehr. Blanco erwartete ihn, gab ihm Sicherheit und so ertrug Pipo die Quälereien der anderen Kampfhunde leichter.

Von den anderen Hunden hörte Pipo, dass die Bestie so gut kämpfte, dass sie alle ihre Gegner schlagen konnte. Ihr Besitzer verdiente dadurch viel Geld. Er hörte auch, dass man dem Bärtigen viel Geld angeboten hatte, wenn die Bestie gegen zwei Rottweiler kämpfte. Diese waren zwei Brüder namens "Höllenhund I" und "Höllenhund II". Sie hatten stets gewonnen, aber wenn sie einzeln mit der Bestie kämpften, verloren sie immer. Der Besitzer der Höllenhunde wollte um jeden Preis siegen und wollte deshalb beide zusammen in den Kampf schicken. Der Kampf sollte in der Hundezucht der Höllenhunde stattfinden. Der egoistische und geldgierige Bärtige sagte zu der Bestie: "Wenn du die beiden besiegst, schicke ich dich ganz sicher in die Pampa zurück."

An dem Tag des Kampfes kam viele Leute, Wetten wurden abgeschlossen, es stand viel Geld auf dem Spiel. Es war das erste Mal, dass ein einzelner Hund gegen zwei andere kämpfte. Auf einer Seite stand die Bestie, die anfing zu knurren, um ihre riesigen Zähne zu zeigen. Ihre Augen waren so rot wie nie zuvor. Ihr gegenüber standen die beiden Höllenhunde, sie wollten sich revanchieren und fühlten sich sicher zu zweit. Als der Kampf begann, stürzte sich die Bestie auf den einen und biss gleichzeitig den anderen. Die beiden wollten sie gemeinsam angreifen, doch die Bestie war schneller und ihr Biss verheerend. Die Bestie stand kurz vor ihrem Sieg als sich unter ihr plötzlich unbemerkt die hölzernen Latten des Bodens vorsichtig öffneten und sich eine Spritze in die Bestie bohrte. Kurz darauf fiel diese schlafend zu Boden und die zwei Höllenhunde gewannen den Kampf. Die Bestie war schwer verletzt, doch der Bärtige sah sie nicht einmal mehr an, sondern dachte nur daran, sie zu verkaufen. Der Besitzer der Höllenhunde hatte dem Bärtigen eine Falle gestellt, doch dieser erfuhr niemals die Wahrheit.

Als Pipo die ganze Geschichte gehört hatte, plante er, zusammen mit seinem Freund zu fliehen und seine Mutter und sein Herrchen Pedro wieder zu treffen. Noch in der gleichen Nacht schlug er Blanco vor, zusammen zu fliehen. "Aber wohin denn?" fragte dieser. "Du kommst mit zu meiner

Familie, ich wohne auf einem schönen Bauernhof. Meine Mutter wohnt dort, mein Herrchen ist sehr lieb und es leben dort auch andere Hunde." Er erzählte ihm, dass seine Mutter und er Trüffelhunde waren, dass seine Urgroßmutter Sissi einmal viele große Trüffel gefunden hatte, weshalb sie hochgeschätzt wurde. Doch weder er noch seinen Mutter noch irgendein anderer Hund hatten jemals Trüffel finden können. Die zwei Hunde begannen, Pläne für ihre Flucht zu schmieden. Eines Tages kam ihnen das Schicksal zu Hilfe: In einer Gewitternacht kam einer der Arbeiter des Bärtigen völlig betrunken heim. Beim Austeilen des Futters vergaß er, die Tür der Käfige richtig zu schließen. Pipos Tür ließ er ganz offen, der des Weißen musste man nur einen kräftigen Stoß versetzen, um sie zu öffnen. "Stoß zu, Blanco, dann hauen wir ab!" rief Pipo. Blanco stieß mit seiner Schnauze gegen die Tür und sie öffnete sich. Es goss wie aus Kübeln, sie rannten los, ohne dass jemand es bemerkte, sie rannten und rannten und schließlich kamen sie zu einem Wald. Erschöpft legten sie sich unter einen Baum und schliefen ein. Früh am nächsten Morgen liefen sie weiter und plötzlich hörten sie vertraute Stimmen. Zögernd näherten sie sich und Pipo erkannte Don Pedros Stimme. Ihm fiel ein, dass ja Sonntag war, der Tag, an dem sie immer Trüffel suchen gegangen waren.

Da erblickte er plötzlich seine Mutter. Don Pedro rief freudig: "Aber das ist ja Pipo!" Als Nini auf Pipo zulaufen wollte, stürmte plötzlich eine Horde Wildschweine aus dem Wald und griffen Nini an. Das war Blancos Stunde: Mit lautem Knurren und gefletschten Zähnen stürzte er auf die Schweine zu. Diesen blieb nichts anderes übrig, als die Flucht zu ergreifen. Von dort, wo die Schweine gekommen waren, vernahmen Pipo und Nini plötzlich einen wunderbaren Geruch nach Trüffeln. Sofort fingen sie an, zu graben. An diesem Tag wurden die Körbe zum Bersten voll mit weißen Trüffeln. Von da an kamen Scharen von Besuchern auf den Bauernhof, dessen Helden Pipo, Nini und Blanco waren. Blanco blieb an der Seite von Don Pedro. Er hörte auf, Kampfhund zu sein und suchte nur noch nach dem weißen Gold des Waldes, dem Trüffel.

POESÍA / GEDICHTE

Y si somos amigos?

Qué pocas cosas tenemos en común
Y si somos amigos?
Es porque tú lo dices,
Yo en cambio, ni siquiera tengo
Tu voz para decirlo.
Y si somos amigos?
Porqué te veo cuando sólo tú
decides mirarme?
Y si somos amigos?
No fue un gran encuentro el nuestro,
piensa qué distinto hubiera sido,
si en algunos de tus viajes en algún río,
y en un momento neustro de alegría,
tú caminas por el río y yo saltando
en el agua como lo hacía mi abuelo,
O si yo muriendo en un pequeno charco,
tú me ves, te doy pena y me arrojas al río.
Y si somos amigos?

Porque tú naces como lo hacen todos los hombres,

la generación de mi abuelo lo hacía en el río,

en vez, la de mi padre, como la mía,

nacemos en acuario.

Y si somos amigos?

Porqué me cuentas tus penas y no te das cuenta de que la mía es

haber nacido en un acuario

Und wenn wir Freunde werden?

Wie wenig wir gemeinsam haben
Und wenn wir Freunde werden?
Es ist, weil du es sagst,
Ich dagegen habe nicht einmal
Deine Stimme, um es zu sagen.
Und wenn wir Freunde werden?
Warum sehe ich dich nur
Wenn du dich entscheidest,
Mich zu sehen?
Und wenn wir Freunde werden?
Unser Treffen war nicht großes,
bedenke, wie anders es hätte sein können,
Wenn bei einer deiner Reisen, zu einem Fluss
Und in einem unserer Momente der Freude.
Du läufst durch den Fluss und ich springe
Ins Wasser, wie es mein Großvater tat.
Oder wenn ich sterbend in einer kleinen Pfütze liege,

Du siehst mich, hast Mitleid und wirfst mich in den Fluss.

Und wenn wir Freunde werden?

Weil du geboren bist wie alle Menschen,

Die Generation meines Großvaters wurde in den Fluss geboren,

Meine und die meines Vaters hingegen

kommen im Aquarium zur Welt.

Und wenn wir Freunde werden?

Warum erzählst du mir deinen Kummer

und merkst nicht, dass der meine ist,

in einem Aquarium geboren zu sein.

Tú vas en una barca pequeña,
La barca tiene escrito tu nombre,
Te lleva por un río,
Hasta llegar al mar.
Estás en el medio, sola,
Ves: el cielo, el agua, el sol y piensas,
Sigues el viaje,
Llegas al puerto de la ciudad más grande
De este mundo,
Caminas, ves gente, mucha,
Por todas partes y piensas,
Sigues caminando,
Llegas a una montaña muy alta,
Y de repente: tú, el cielo y el sol,
Regresas a la ciudad,
Encuentras un niño, él te sonríe, tú lo acaricias,
Llegas al puerto, subes a tu barca,
Te detienes en le mar,
De nuevo tú, el cielo, el agua, el sol,
Llegas al río, dejas tu barca,

Caminas, abres los ojos,

Fue un sueño,

Sólo en un sueño, en cinco minutos,

Cruzas un mar y subes una montaña.

Du fährst in einem kleinen Boot,

auf dem Boot steht dein Name.

Es trägt dich einen Fluss entlang

bis ans Meer.

Du bist inmitten des Ozeans, allein,

du siehst den Himmel, das Wasser, die Sonne und denkst nach,

du fährst weiter,

du kommst in den Hafen der größten Stadt der Welt.

Du läufst, siehst Menschen, viele,

überall, und du denkst nach,

du läufst weiter,

Du kommst an einen hohen Berg,

Und plötzlich: Du, der Himmel und die Sonne.

Du kehrst zurück in die Stadt,

Dir begegnet ein Kind, es lächelt dich an, du streichelst es,

Du kommst im Hafen an, besteigst dein Schiff.

Wieder bist du inmitten des Ozeans,

Wieder du, der Himmel, das Wasser, die Sonne,

wieder der Fluss, du verlässt das Boot.
Du läufst, öffnest die Augen,
es war ein Traum.
Nur in einem Traum, in fünf Minuten,
überquerst du das Meer
und erklimmst einen Berg.

Y es el sol, la luna, las estrellas,
las cosas que me gustan del día,

pero qué bonito veo el sol,
qué grande es la luna,
y cómo brillan las estrellas,
cuando pasa alguien como tú por el diá.
No, no son tus ojos tan claros como los de tantas,
no, no es tu cuerpo
tan bonito com el de tantas,
sí son tus ojos y es tu cuerpo que llevan con humildad y simpatía.

qué bonito veo el sol,
qué grande que es la luna,
y cómo brillan las estrellas,
cuando pasa alguien como tú por el día,
y cuantos días pasaron después de éste

y hoy que es mañana,
estás en un día de mi poesía,

y es el sol, la luna, las estrellas,
las cosas que me gustan del día.

Die Sonne, der Mond, die Sterne,
das sind die Dinge, die mir am Tag gefallen.

Aber wie schön sehe ich die Sonne,
wie groß ist der Mond,
und wie funkeln die Sterne,
wenn man jemand wie dir begegnet.
Nein, es sind nicht deine Augen, die so hell wie viele andere sind,
nein, es ist auch nicht deine Gestalt,
so schön wie die vieler anderer.
Und doch sind es deine Augen und deine Gestalt,
die Demut und Freundlichkeit zeigen.

Wie schön sehe ich die Sonne,
wie groß ist der Mond,
und wie leuchten die Sterne,
wenn man jemand wie dir begegnet,
und wieviele Tage sind seitdem vergangen.

Und heute wie morgen
erscheinst du in meinem Gedicht.
Die Sonne, der Mond, die Sterne,
das sind die Dinge, die mir am Tag gefallen.

Herstellung und Verlag:
BoD – Books on Demand, Norderstedt
ISBN: 9783739226385